4,-

Marjana Gaponenko
Nachtflug Gedichte

POLONIUS

1. Auflage April 2007
Copyright © 2007 by POLONIUS VERLAG e.K., Frankfurt am Main
www.polonius-verlag.de
info@polonius-verlag.de

Alle Rechte vorbehalten, insbesondere das der Übersetzung, des öffentlichen Vortrags sowie der Übertragung durch Rundfunk und Fernsehen, auch einzelner Teile. Kein Teil des Werkes darf in irgendeiner Form (durch Fotografie, Mikrofilm oder andere Verfahren) ohne schriftliche Genehmigung des Verlages reproduziert oder unter Verwendung elektronischer Systeme verarbeitet, vervielfältigt oder verbreitet werden.

Umschlagbild: Fragment aus ›Toskana I‹ von Ewa Sadowska
© Marjana Gaponenko
Druck und Verarbeitung: C. Adelmann GmbH, Frankfurt am Main
Printed in Germany
ISBN 978-3-940336-00-2

Mir floh die Stimme lockend in den Wald

Die Zeit

Die Zeit trägt uns wie Welpen zärtlich im Maul
oder vielleicht in ihrem Atem bloß. Wir wissen nichts,
geführt an uns vorbei, an jedem Wort,
das greifbar wird, vorüber.

Sag: „Dunkelheit" und etwas wie ein Funke
fällt dir aus dem Mund. Sag Worte, die dir leicht
erscheinen: Blume, Nebel, Kuss und siehe,
wie sie zu Steinen werden.

Unklar, woraus wir selbst geknetet sind.
Durchsichtig nach dem Ebenbild der Zeit
werden Körper und Gesichter.
Sie pflückte uns, sie stahl aus Spaß,
was ihr gehört,
und trug uns fort,
Geliebter.

Ich weiß:
Wenn wir schlafen, rücken die Bäume
näher zu unseren Feuern,
strecken die Beine aus
so wie wir.
In eigene Netze geraten Jäger,
sie glitzern wie Spinnen
und baumeln darin.
Irgendwo ziehen die Vögel
eine Füchsin hinauf,
am purpurnen Haar,
spielen mit ihrer
eigenen Sonne,
die Nacht ist ihnen
zu lang
und ihr Leben ist kürzer
als der Traum,
den wir träumen.
Ich weiß.

Mein Junge, du sagst:
„Sei gegrüßt, Ferne! Ich komme."

Weder zu Fuß noch zu Pferd
kannst du die Ferne erreichen.

Die Ferne eilt dir voraus,
sie lockt dich mit Seufzern,
sie läutet silbern als Glocke,
sie streut frischen Schnee.

Sie führt dich als Kind.
Sie führt dich als Greis.
Sie führt dich im Kreis.

Jeder hat seine eigene Ferne,
auf die er zueilt.

Der Jäger eilt seiner Stimme nach.
Sie führt ihn aus dem Dickicht ins Licht.

Der Hirte eilt seinen Schritten nach.
Sie führen ihn über die Schlucht.

Das Kind eilt dem Wind nach.
Es ist immer am Ziel.

Nur die Frau eilt nicht.
Sie taumelt gerne und legt sich ins Gras.
Sie weiß nichts von der Ferne.

Wenn du siehst – ich liege im Gras und träume –
lege dich einmal zu mir. Nur ein einziges Mal.
Wir gehen zugrund und über uns Wolken
wie zärtliche Schollen reiben sich aneinander.

Überlege nicht, lege dich zu mir ins Gras.
Wir gehen zugrund und schaukeln dabei,
und über uns Wolken wie Schollen...
So zärtlich schwimmen die Tage vorbei.

Es ist schön eine Blume zu sein,
auf einem Bein zu wandern
von Hütte zu Hütte,
in Krügen zu stehen
einen Tag lang
bei guten Leuten.

Noch schöner ist es
ein Stein zu sein,
im Schlummer, im Geflüster,
eines Tages hochgeworfen zu werden,
die Welt zu sehen, die man ahnte.

Am schönsten ist es aber,
Wind in der Steppe zu sein,
sich an Menschen zu schmiegen,
an die schönen und zarten,
deren Wille nicht zu brechen ist,
deren Schritte nicht zu halten sind,
deren Sehnsucht die Erfüllung sieht:
in der Ferne.

Nonne

(für Klawa)

Schwarz von Beeren singt der Mund der Freundin
in dem Wald. Und über ihr die Nacht,
die schaukelnd an dem Aste niederbrennt.
Ein Brautkleid ist die Wolke,
sie neigt sich über sie
und deckt sie zu.

Du bist ein Baum, licht wie der Weg,
den du gekommen bist.
Den Blick gesenkt, wandern wir zusammen.
Der Berg tritt auf uns zu,
die Arme ausgebreitet, und du sprichst:

„Vater". Und schon zählst du zu seinen silbernen Steinen.
Nicht zu erkennen im Glanz bist du, Freundin,
und ich, müde des Schauens, kehre um,
eile deinem Lied nach...

Schön ist der Mensch, wenn er in der Dämmerung wandert.
Ins edle Gewölk eilt sein kläglicher Pfad.

Von der Stille getröstet und satt
leckt die Weinende ihre strahlenden Lippen.

Der Wald führt eine Herde von goldenen Schatten
in den schlafenden Mund, der nichts ahnt.

Wie einsam und froh macht das Sehen des Wunders.
So sah ich dich einmal. Du kamst aus mir selber hervor.

Schmaler Strahl auf dem purpurnen Samt jenes Abends...
Mein und nicht mein...

Herrlich schmeckt dieses Geheimnis.
Herrlich es unter der Zunge zu tragen.
Es ist leicht, aber es zieht mich zu Grund,
so dass ich taumle, und wer mich berührt,
dem seufze ich ins Gesicht.

Wenn die Zeit kommt, gehe ich nackt auf die Jagd.
Nichts weiß mein zärtlicher Flüchtling von mir.
Aber bald fange ich seiner Schatten Gefolge,
das goldene. Bald fange ich ihn.

Es neigt sich der Regen über uns
ein Auge zugekniffen.

Nimm meine Hand, laufe mit mir
in den Wald!

Da wandert ein Pilz um den Baum
und erzählt uns Geschichten,
wie es war als die Welt noch flach war.

Da konnte man wandern –
von Ecke zu Ecke
und nicht im Kreis so wie jetzt.

Da konnte man vom Rand
in die Tiefe blicken, Steine werfen,
hören wie sie fallen
an den Sternen vorbei,
und dann von unten
zart zischende Grüße schicken,
als die Welt noch flach war.

Zwei Münzen

Mir floh die Stimme lockend in den Wald – ich ging sie suchen.
Der Nebel stieg am Moor in Gestalt meines Bräutigams auf. Da
brach ich einen süßlichen Zweig und stach ihn dem Nebel in
den Fuß, der so lügnerisch war wie meine entflohene Stimme.

Alles weigerte sich mir zu gehorchen, die Gräser waren gläsern
unter meinen Schritten, ich glitt peinlich mit den Armen schwankend
ins Ungewisse. Unter jedem dritten Busch hustete ein Pilz,
der auch ein Zwerg sein konnte. Dieser Lärm peitschte
meine Wangen glutrot, so dass der Wald auf einmal rot aufblitzte.

Da fing ich an zu rennen. Je schneller ich rannte,
desto weinerlicher sang meine Stimme im Geäst hinter mir.
Ich rannte schneller als ein Mensch, so dass ich plötzlich
mitten im Sprung erstarrte, und meine Stimme
erstarrte gleichzeitig mitten im fürchterlichen Schluchzen.

Dies war kein Traum. Ich hing so elend in der Luft. Die Nacht
kroch aus einem Elsternest hervor und ging nach links.
Es wehte ein schüchterner Wind von rechts,
und mit dem Wind kam ein Mann.
Er nahm einen Bogen von der Schulter
und zielte auf die unsichtbaren Fäden, an denen ich hing.
Da sah ich, dass auch meine Stimme an einer Leine war,
und die Leine war mir um die Stirn gebunden.

Dies war kein Traum. Der Mann lag da,
und ich schwebte wieder wie an Fäden über ihm.
Mir war's, als wären wir zwei Münzen in der weißen Hand der Nacht...

Nachtflug

Nachtflug

Ich wurde hochgeworfen, wie man eine Mütze wirft.
Ob ein unsichtbarer Riese, ob der Wind bloß...
Wer weiß, wer so scherzt?

Ich sah, dass nachts im Gold gebadet wird,
dass jeder davon isst. Wie Schmetterlinge haben Menschen
einen goldbestaubten Mund, wenn man von oben schaut...

Wer hat die Nacht sich ausgedacht,
diese langsam tanzende Frau?

In ihrem Rock kreisen Sterne
wie sanfte Worte im Mund.

Wir schauen ihr zu.
Wir träumen im Stehen.
Wir sinken erschöpft auf die Knie.

Kein Fluch ist schöner als dieser.
Kein Leben fliegt schneller als dies.

Du, langsam tanzende Frau,
wer schickte dich zu uns?

Die Nacht legt uns die Hand auf die Schulter.
Was steht uns bevor?
Ob zugrunde gezogen, ob an den Himmel genagelt,
wir leuchten trotz allem kurz auf.

Eine Berührung, und schon schlafen wir.
Ob wir leuchten im Dunkeln?
Was macht die Nacht bloß mit uns?

In der Dämmerung

Schön sind die Liebenden.
Sie halten einander,
als ob sie in die Tiefe fallen.
Schön sind die Einsamen.
Sie gehen so,
als flögen sie gleich empor.

Die Alten aber sind am schönsten.
Ihre Füße sind in die Erde gewurzelt,
ihre Köpfe sind im Gewölk.
Sie wandern wie Bäume im Sturm.
Schau sie dir in der Dämmerung an.

Diese Nacht

In meinem Krug sehe ich euch,
ihr zittrigen trunkenen Sterne.
Seid ihr da, oder bin ich bei euch?
Dichter als Milch ist die Nacht,
und ich weiß nicht, wer sich verirrte:
Ihr oder ich...

Mich in die Nacht gelegt wie in ein weißes Bett,
halte ich die Augen offen dich zu sehen:
In Wolken über mir, sie rasen, jagen nach einander.
Du wirst in ihrer Schar getragen einer Fahne gleich,
in langen Wolkenarmen, im leuchtenden Getümmel.
Ich halte meine Augen offen in der Nacht.

Obwohl die Sterne Silberdolche in den Händen tragen,
graut's dir nicht länger vor dem Himmel.
In diesen Teich bist du bereits gefallen
und hast es nicht bemerkt.

Dort oben rollt dein Kopf ganz langsam über sanfte Hügel,
umschwirrt von Sternen, diesen Müßiggängern.
Man kann sie nur mit bösem Blick vertreiben,
doch du bist gut, zu gut dafür.

Reife Sterne in der schwarzen Erde!
Alte Frau, wenn du sie siehst,
sammle und iss sie auf in dieser Winternacht!

Dann wirst du leuchten wie
deine Heiligen in deiner Holzkirche.
Dann wirst du schweben wie sie.
Dann wirst du schellen und läuten.
Du wirst zum Funken des Lachens,
das dir seit langem verklang...

Trage die Liebe, diese brennende Fahne!
Ist die Last dir zu schwer, so springe
zischend ins Meer. Spring ins Meer!

Zwei Smaragde tropfen ins Glas,
während ich auf dich trinke, und
das Lächeln klirrt mir vom Mund
süß auf die Stiegen herab.

Ich sehe dich, du trägst deine Fahne
so hoch, dass sie die kühlen
Sterne kitzelt, immer weiter
und weiter.

Geht der Winter zu Ende,
schlafen die Bäume,
verliebt in einander,
murmeln wie Greise Unfug.

Es eilen die Wolken,
die Füße zu wärmen
in Röhren roter Kamine.

Es eilen die Menschen,
wie Schollen durchbrechend
das Gold der Laternen.

Es eilen die Schatten,
sich drängend und winselnd
dem Herrn hinterher.

Und die Speichen der Träume
eilen, an Ecken aufblitzend,
dir in die Augen hinein.

Im Leib des Baumes lebt ein Boot.
Es wird befreit und dient dem Menschen treu.
Auch du lebst leise in dir selbst am Tage
und des Nachts wirst du vom Traum
behauen und gehobelt,
Nacht für Nacht.

Du stehst im Regen einfach so aus Spaß.
Du trinkst und trinkst und wirst so dunkel,
dass du leuchten kannst.

Du wirst getragen, ohne es zu spüren,
als Silberknopf am Mantel dieser Nacht.

Mit dem Flügel flattert die Nacht in den Mund des Singenden.
Auch der Weg ringelt sich ihm in den Mund.
Auch die Bäume treten näher, schauen hinein.
Und die Tiere, als Schatten verkleidet,
schweben zärtlich vorbei.

Eine Hand eilt wie Wasser entgegen.
Sie ist silbern zu Bächen,
zu Seen ganz golden,
kühl zu Gräsern
und durchsichtig zu dir.

Angelockt von dem Lied
kommt sie und zündet Durst an,
dass du glühst wider Willen,
und löscht ihn aus
irgendwann.

Vom Verschwinden

Schöpfung

Mit dem zärtlichen Wort wie mit Donnergeröll
begann die Geschichte.
Du sagtest „Ach", und es war genug.
Mein Traum setzte sich mir auf die Schulter,
mir vor die Füße legte sich mein Weg.

Mit dem Wort, das dir auf dem Mund glänzte,
wurde mein Leben entzündet,
und ich rollte, rollte wie ein Stern.
Und zärtlich hast du später aufgefangen,
was niederbrennend fiel.

Ein Berg kam zu mir zu Besuch
von seiner schneeigen Höhe hinunter.
Etwas kühl sein bläulicher Blick,
noch kühler sein Kuss.

Er kam auf dem Pferd, er kam durch die Luft,
er kam durch das Fenster.
Eine kristallene Rose im Mund
und am Gürtel ein Dolch.

Er sagte: „Sei meine Frau,
ich nehme dich mit in die Berge.
Dort wirst du zur Tanne bei mir an der Brust,
gehe mit mir.

Der Wind näht dir ein Kleid,
zarter als das jeder Zarin.
Du bleibst jung,
du wirst schöner träumen als hier."

Ein Berg kam zu mir zu Besuch
von seiner schneeigen Höhe hinunter...

Der alte Kuss

Ich trinke Sterne Tag und Nacht,
ich trinke Sterne.
Die Augen sehen nichts als sie.
In meiner Hand, da wohnt ein Kuss,
er wohnt hier lange.
Ein Kuss für dich,
ganz schwach und alt.

Das Feuer singt ein Lied,
es singt von fernen Tagen.
Sie kommen noch zurück,
sie kommen bald.
Da wird das Schiff,
auf dem ich kam, zum Baum
und diese Erde zu dem Mann
der lieben kann.

Ich trinke Sterne Tag und Nacht,
ich trinke Sterne.
Die Augen sehen nichts als sie.
Für dich hauch' ich den Atem
in den Kuss hinein
und lass ihn steigen.
Das Schiff wird wieder Baum
und aus der Erde kommt ein Mann.

Das Gras

Hier ist das Gras das Haar der Gefallenen.
Der verwaiste Gedanke an sie, der sich selbst weiterdenkt.
Vorwärtsschreitende Herde,
bespritzt von der Silberträne des Mondes.

Wer fiel und liegenblieb, der schwimmt in der Erde,
die Tiefe bestaunend und alle darin kreisenden Pflanzen,
versteinerte Tiere und Vögel.

Das Gesicht und den Körper in die Erde getaucht,
so dass die Haare nur blieben,
schwimmt der Mensch durch die Zeit.

Mitten ins Herz

Mir vor die Füße streut dich der Wind.
Verwandelt in Spuren, in zitternde Zeichen,
in Mohn aufflammend im bleichen Feld,
in ein goldenes Blatt, das den Nebel verwundet.

Du bist nicht da und dennoch überall,
erkennbar und so schön wie früher,
eine schillernde Naht im zerspaltenen Stein,
ein Lied, das im Geflüster aufblüht.

Wolken

In Gottes Bart schwimmen Sterne wie Fische
mit Augen rund vor Erstaunen, sittsam und sanft.
Die Arme der Menschen greifen nach ihnen.
Da kommen sie einmal an.

Im Traum verirrt landen wir drüben.
Im leuchtenden Nebel wandern wir dann.
An uns schwimmen Sterne vorüber,
und wir füttern sie aus der Hand.

Niemand hat Angst vor den Wolken.
Wer hier ein Lied anfing, der singt es dort.
Der Tanzende wird immer weiter tanzen.
Der Liebende setzt seine Liebe fort.

Gehe deines Weges,
Zeit, löse dich wie ein Band
aus dem Haar, gleite
als Wort aus dem Mund,
lass die Kinder allein,
lass sie spielen mit Schatten,
die weiße Blumen aushauchen.

Je ferner du wirst,
um so kühner
zittert die Frucht
in der Hand,
um so heißer pocht ihr das Herz,
um so süßer der Biss
in die Leere.

Verschwinde!
Und es tritt dein Bild
aus der Träne heraus,
und aus ihm etwas Rauch.
Neben den Apfel fällt
dann der Stamm.
So sei es!

Silberne Gräser, gezupft von den Sternen,
niemandes Haar, doch prachtvoll!
Wer sich in sie legt, wird silbern aufstehen
und klirrend pflügen die Luft.

Was geschah, erscheint jetzt unwirklich,
langvergangen – was gerade geschieht.
Die Stille mehrt sich, reißt auf
ihre Münder, wie Blumen,
nicht zu zählen wie viel.

Sie ist da und wird da bleiben,
eine Katze, die durch die Steppe rollt.
Durch jeden Ruf, durch das Lied
von dem Lied von dem Lied.
Mehrt sie sich mit Schritten, die so weich sind,
dass man sich an sie schmiegen möchte,
umgeben von ihnen, schaukelnd wie einst...

Der Wind weht dir entgegen,
als riefe jemand nach dir.
Schaue nicht in die Ferne.
Grüble nicht zuviel.

Hinter das Rätsel
ist nicht zu kommen.
Das Rätsel kommt
selbst zu dir.

Über der leeren Welt
wird der Donner kreisen,
ein ewiger Greis
schüttelnd den Bart.
Ein langsamer Stern wird
daraus fallen
oder ein zischendes Wort.

Die Welt ist leer und voll von Leere.
Ich bin nicht da, ich bin so fern.
Das Gedächtnis tritt heraus
aus den Spiegeln und Rahmen,
dröhnend und trunken von mir.

Und trotzdem werden die Wege eilen,
getrieben von Schritten,
losgebunden, verwildert ohne Herrn.
Und wie verrückt werden
die Teiche zeigen
mich oder den Traum von mir.

Tanz im Himmel

Im Himmel ist ein Fest.

Die Mutter näht mir ein Kleid
mit Frostmuster –
Eisblume um Eisblume.

Kalt und leicht muss ich sein,
um im Himmel zu tanzen.

Eine Naht und noch eine
und ich mache mich auf den Weg.

Mein Körper trug mich durch die Zeit.
Wo er hinfiel, da stieg ich aus.
Als Seufzer schwebte ich zum Kind,
das nebenan geboren wurde.

Ich betrat seinen offenen Mund,
ein Zimmer von Leere erhellt,
blickte mich um und vergaß
alles was war.

Die Luft als Mantel flattert durch die Räume.
Man zieht sie an, obwohl man es nicht will.
Es rascheln blaue Wolken durch das Fenster
und fallen einem Träumer in den Schoß.

Die Schatten führen ihre Herrchen an der Leine.
Die Sterne schärfen ihre Zähne in der Dunkelheit.
Und spärlich glänzt ein Rätsel in dem Spinngewebe,
von niemandem gelöst.

Eine Hand füllte die Uhren mit Sand.
Lange genug folgten wir ihrem Lauf.
Jetzt ist es Zeit.
Machen wir uns auf den Weg!

Tigerhaft traurig knurrt unser Leben.
Es wird von uns beiden nicht satt.
Es ist aber Zeit.
Segel hoch und vorwärts!

Vom Verschwinden

Seitdem ich laufen kann, biege ich nach links, nach rechts.
Ich gehe in den Nebel hinein, ich pfeife ein hallendes Lied.
Wer mich fragt, was ich liebe, dem sage ich dies:
Ich verschwinde gern aus der Sicht und tauche gern auf.

Geliebter, sei lieb und schenke mir eine Gans.
Ich verstecke sie unterm Hut und überrasche die Gäste damit.
Im Herbst vergraben wir Drei unsere Köpfe
im kühlen Gewölk. Wir werden ein neues Leben anfangen.

Lass deine Zeitung los – sie wird von dir wegfliegen.
Renne ihr nach – sie lacht von oben über dich.
Lass deinen Hut über die Allee rollen,
er rollt und verschwindet aus der Sicht.

Komm, lass uns laufen über Baumspitzen,
über Schiffsmäste und über silberne Fische,
die wie Säbel aus dem Meer emporspringen,
lass uns laufen, bis wir beide verschwinden,
wie zwei Sternschnuppen, mein Freund...

Und das Letzte

An den warmen Säulen rannten wir vorbei.
Selber warm von der Sonne, in das Licht
wie in Leinen gehüllt. Schon sind wir weg.
Nicht zu fassen.

Schneller als wir ist nur der Gedanke an uns –
ein Tuch um der Enkelin Hals.
Vom Flattern so blass...

Purpur

Das Schloss

Der Abend wälzt sich im Gebüsch als roter Hund.
Die Rede aus der Ferne ist wie Rascheln unverständlich.
Die Wälder betteln mit dem Arm an Wolken zupfend,
rasen hin und her und rüsten sich zur Schlacht
oder zur Reise übers Meer,
ich weiß es nicht.

Die Augen schließen und verschwinden in der Dunkelheit,
um aufzuflammen auf dem Pfad,
der dich im Mund wie eine Beere trägt.
Als Lied an alten Mauern gleiten,
um alles seltsam zu erhellen,
für einen Augenblick, das reicht.

Weder eine goldene Münze, noch ein blank geriebener Gong,
noch das Loch, aus dem eine strahlende Welt uns anschaut,
ist der Mond. Er ist er, und wir sind wir.
Mögen die Worte schaukeln in uns,
mögen sie gären und schäumen.
Der Mond ist der Mond,
und der Schatten, der Baum sein will,
ist nicht der Baum,
und der Wunsch formt nicht die Erfüllung.

Ich habe die Hand über die Augen gelegt,
damit ich sehe, dich, den es hier nicht gibt.
Aus dem dunkelnden Raum
trittst du immer heraus.
Klar erscheint dein Gesicht,
also bist du nicht tot.
Kann ich dich sehen,
bin ich also am Leben...

Wiederhol mir die Worte des Regens.
Sing mir noch einmal sein Lied.
Alles wird zurückkehren –
der Traum in die Augen,
der Tanz in den Leib,
der Sturz in den Flug.

Stich mich in den Mund mit deinem Kuss.
Leb wohl, leb wohl und sei gegrüßt!
Sieh wie heiß das Siegel wird
auf diesem alten Brief,
und wenn du pustest, flammt es auf,
denn alles alles kehrt zurück...

Ich wohne in der Luft.
Komm mich besuchen,
wenn eng es dir wird.
Komm steig herauf,
lauf über Bäume
als heller Regen
und als herber Gruß.

Ich wohne in der Luft.
Komm mich besuchen.
Dort lüften sich die Hüte
von allein.
Die Schuhe sind dort
unverschleißbar.
Du glaubst es nicht?
Dann komm herauf.

Wohin eilen Abschiedsumarmungen,
Küsse, das letzte Sich-Langsam-Umdrehen,
sag, wo kommt das Winken an,
das Flattern und das Lodern des Laufenden,
sein Herzschlag, sein Seufzer, wo bleibt das alles?

Wolken wie Schiffe durchwandern den Wald in der Nacht.
Ihre Gesichter sind bleich, wie aus Marmor geschnitzt.
Sie tragen das letzte längst vergessene Wort,
wie einen Ring im Mund und beleuchten
mit ihm ihren Weg.

Ich höre die Schritte des Regens.
Über die Baumspitzen eilt er zu uns.

Bald ist er da und blickt auf uns
durch tausend zärtliche Augen.

Wir tanzen dann vor dem Haus,
ich aus Mitleid mit ihm, du aus Spaß.

Als dünner Verliebter stellt er sich
zwischen uns beide,
und wir tanzen zu dritt.

Die Hand ins Maul des Schneesturms gelegt,
in einen Stock von greisen Bienen,
schwören Menschen Liebe,
tauschen sie Küsse,
rote, gelbe, blaue.

Über ihrem Leben heben sich die Menschen,
selber Küssen gleichend und vereint im Kuss,
erstarrte und erstaunte Schmetterlinge,
von einem Strahl durchbohrt.

Ach, könnte man mit einem Wort verzaubern!
Ich würde die Blumen der Felder
zu meinem Gefolge machen,
die Strahlen zu meinen Gesandten.

Wärest du mein,
ja wärest du mein,
so würden dir meine Blumen nicken,
und die Strahlen den Blick senken vor dir.

Wenn es ein Zauberwort gäbe!
Schlummerte es mir in der Brust!
Zischte es mir auf der Zunge!
Wäre ich die, die es sagt!

Wir schimmern golden vor Dunkelheit in uns
und schwellen an vor Leere innendrin.
Der Seufzer lässt uns steigen in die Luft,
und dieser Blick, der an den Wimpern hängenblieb,
wiegt mehr als wir.

Es ist uns gleich, ob es der Himmel ist
oder das Meer, ob Wolken uns berühren
oder Schaum, der fliegt. Wir sind so leicht,
dass wir fast Träume sind, die nichts mehr wollen
als im Anderen zu enden.

Purpur

Um uns nur Liebesworte, die stumm im Kreise stehen,
und Blicke, die auf Wimpern wie auf Stelzen gleiten.
Und die Leuchtkäfer, die uns aus den Ärmeln hervorlugen,
so dass man nicht weiß, hat man einen Körper
oder ist uns der der Nacht zuteil geworden.
Unklar ist es im Dunkeln, ob wir fallen oder liegen
oder längst versunken sind. Es bleibt uns wenig.

Wir reißen Tage einen nach dem anderen herunter,
bis zum Vorhang, an dem wir uns begegnen,
an dem wir enden, endlos werden:
Zwei Silberstreifen eingenäht in Samt,
zwei Wellen, die sich nicht berühren,
zusammen und allein und dennoch eins.

Ich tausche meinen Körper gegen den der Nacht.
Unfassbar und durchsichtig dringe ich zu dir ins Zimmer ein.
In mir siehst du die Schatten kreisen golden um sich selbst,
das Lodern eines Liedes, das verklingt und nie verklingen kann.

Du, müder Mann, der du am Schreibtisch sitzt,
halt mich für deinen späten Traum, schlaf ein.
Ein Seufzer löst sich los und stürzt dir nach,
dich heiß und heimlich zu umarmen innendrin.

Eine Berührung schwebt schwankend durch die Luft,
ganz golden und von mir geschickt, die Straße teilend,
eilt sie um dich zu kreisen, gedacht und trotzdem wahr,
legt sie ein Körnchen Traum in deinen Blick hinein,
das dir erblüht, so heiß und unsagbar.

Ein Kuss,
ganz weiß,
er flattert im Wind
und fliegt nicht weg.
Im Spiegel blüht ein Baum,
von dem ein Apfel
fällt
und fällt.
Das letzte Wort –
es wiederholt
sich selbst
und endet nicht.

Es ist,
als ginge
eine Glocke
auf der Zunge
übers Feld.
Die Ahnung
von dem Lied,
der Himmel
und das Meer,
die Naht dazwischen –

So einfach und so klar
die Welt
und still,
als Tropfen gleitend
zu dem Mund
der Kirsche.

Ich gehe. Aber das Herz meiner Schritte pocht rückwärts.
Und die ungesagten Worte zucken wie Blitze im Leib.
Und die Strahlen stehen plötzlich
wie langstielige Blumen vor mir.
Und dein Gesicht, ein Traum von deinem Gesicht,
fließt die Ferne herab, als Träne, durch die ich dich sehe.

Gerne verirrt sich das Kind im Schlaf.
Selber aus Schlaf geschnitzt, mehrt es sich dort,
teilt sich und wächst zum Gebirge heran.

Es kann nicht anders. Das Kind flieht,
schlägt die Arme um sich, und schon
ist es spurlos verschwunden.

Die Blume roch an der Blume
und forderte sie auf
zum Tanz. Ein Stern
kam herbeigeflogen
und berührte den Stein,
da er einen Bruder
in ihm ahnte.
Alles wurde wahr.

Die Blumen starben diese Nacht
in roter Umarmung.
Der Stein wachte auf
und sprach wie im Traum
den Namen der Mutter,
den Namen des Vaters.

Zwei Feuerkreise rollten
über den Hang.
Jemandes Blick war ihnen
die Brücke, der Wind
und der lange Weg.
Solange jemand ihnen
nachschaute,
waren sie
da...

Reiter

Die Wolken tragen Lanzen in dem weichen Pelz.
Die Spitze schimmert wie ein Herz,
sonst nichts.
Im langen Sturz
erstarrte Reiter sind sie wohl...
Was sag ich bloß –
nichts als Gewölk ist hier.

Doch rollt des Mondes hohler Kopf
der Nacht den Rücken lang.
Er baumelt am Stiel
bis er abbricht.
Da säuseln Lügen in dem Traum
und reden wahr
und werden selbst zu ihm.

Man möchte beten, und man singt ein Lied.
Der Tanzende schläft tanzend ein.
Wer schlief, wacht in seiner Mutter auf
und kommt nicht weg aus ihr,
und du mein Kind, hab keine Angst
und schau:

Die Wolken tragen Lanzen in dem weichen Pelz.
Die Spitze schimmert wie ein Herz,
sonst nichts.
Im langen Sturz
erstarrte Reiter sind sie wohl,
so bleich, dass sie schon Wolken sind...

Wird es dunkel

Wird es dunkel, steigen die Sterne
herab und trinken vom Teich.
Ich höre sie flüstern.
Ich ahne sie spielen.
Ihnen entgegen
halte ich meinen Leib
dass er von Bissen aufflammt.
Doch umsonst –
sie sehen mich nicht.

Klarer als ich ist mein Schatten.
Er eilt mir voraus,
ferne Wipfel zu grüßen,
traurige Schiffe.
Sie werden aufbrechen.
Irgendwann,
irgendwann.
O wie raschelt ihr Herz!

Wird es dunkel, flattert ein Ruf
im Gezweig, in der Erde pocht leise
ein Seufzer,
Blumen flechten sich selbst
in mein Haar, weil ich träume.
Auch sie wollen wandern,
und sei es nicht lang.
Ich gehe für sie hin und her
bis es tagt.

Das Haus

Die Nacht ist ein Streichholz
in den Klauen der Bäume.
Gebeugt rauchen sie vor dem Haus.
Trittst du ans Fenster, ist es hell.
Immer wieder schaust du heraus.

In den Kelchen wiegt sich die Mutter,
weiß wie die Blüten ihr Kleid.
Sie ist nur am Lied zu erkennen,
es weht dir entgegen,
es kitzelt dich so, dass du weinst.

Weder bitter noch heiß sind die Tränen.
Du wanderst auf ihnen
wie auf Stelzen durchs Haus.
Und die Nacht brennt immer
in den Klauen der Bäume,
schaust du heraus...

Wolken

Es bauschen sich die Wolken in den Kleidern.
Wer gehen wollte, fliegt zum Wald.
Dort altern Menschen in den Kronen großer Bäume.
Den Vater sah ich dort,
einen Stern im halb offenen Mund, grübelte er.

Ich aber trage Schuhe aus Stein,
umarme die Felsen,
vergrabe mich selber im Sand,
senke den Blick vor dem Himmel,
beuge tiefer mein Haupt.
Hier ist mein Platz.

Abends fallen Äpfel ins Gras. Ich höre sie nicht.
Ich weiß nicht einmal, ob sie gefallen sind
oder bloß rote Tropfen waren,
die langsam in der Erde verschwanden.
Ob ich träume, ob es wahr ist: die Arme der Wolken,
darin mein Gesicht – wie eine Kamee.

Die Stadt

Unter den Strähnen des Regens stehen wir wie unter einer
Trauerweide. Auf der Brücke sitzen die Hunde,
baumeln mit den Pfoten, stechen lange Stöcke in den Spiegel,
der keinen Schmerz spürt. Es will mir scheinen,
wir sind unbemerkt. Aus dem zarten Versteck zu treten,
würde ein Ende bedeuten. Der Spiegel wäre ein Teich,
die Hunde würden zu Fischern,
der Regen wäre dann nur ein Wort.

Greif in seine Haare,
klettere hoch, nur Mut!
Sage mir wie die Stadt von oben aussieht.
Sei nüchtern, sei grausam, sei wahr und gerecht,
kalt, eisig kalt, dass es brennt.
Klettere hoch, schau von oben auf mich,
klar und karg, nur ein Blick, und steig nieder.

Jetzt verstehst du: Ich trete niemals aus meinem Versteck,
trenne niemals die Strähnen des Regens. Traurige Hunde
sind Fischer und ein Spiegel ist dieser Teich.
So will es mir scheinen. So sei es.

Ich kenne etwas,
was schöner ist
als jedes Liebeslied.

Es ist der Seufzer,
salzig wie das Meer,
das kommt und geht.

Was sagt der Seufzer?
Er sagt nichts.
Er ist die Rede selbst,
die aus der Tiefe weht
und uns wie Zweige
wiegt und biegt.